오대산 가는 길

박용열 시집

은사恩師 탄허呑虛 스님 영전에

혼자 월남해 온 나는 전쟁터에서 돌아와 갈 곳이 없어 거리를 방황하고 있었습니다. 한쪽 발은 절었고 피까지 토하면서 주검을 어깨에 메고 찾아온 곳이 바로 오대산 월정사였습니다.

육신의 어머님을 그리워하다 영의 어머님(부처님)을 만나 은사 탄허스님의 제자가 된 것입니다.

그 때 그 시절, 절 생활이란 옥수수와 감자와 쌀겨로도 두 끼니밖에 먹지 못하는 배고픈 생활이었고 의복은 돌아가신 분의 옷을 얻어다 먹물을 들여 입었습니다.

배우던 교재는 「기신론 영가집 육조단경 노자 도덕경 남화경 (장자) 화엄경…」 등으로 스님께서 역경한 원고를 나 혼자 등사판으로 엮어 책자를 만들다 보니 오른쪽 둘째 손가락과 셋째 손가락 사이에 군살이 지금도 남아 있을 정도입니다.

그렇게 흘러가던 세월 속에 고무신이 다 떨어져 도저히 신을 수가 없어 헌 신짝을 벗어들고 '고무신 하나 사주지 못하는 처지에 무슨 도제 교육이냐' 대들었으나 '야 이 멍청아, 버리는 공부를 하려고 중이 되었으면 모든 것을 버리면 되지 않느냐' 고 오히려 꾸짖으며 일깨워 주시던 스승에게 걸망을 메고 방방곡곡으로 헤매이다 돌아와서는 만신창이가 된 마음을 어루만져 주지 않는다고 억지를 부리던 상좌였으니 아마 스님 안중에는 제일 못된 노지심 같은 제자였으리라고 여겨집니다.

생활은 항상 서민같이 하되 생각만은 귀족같이 살아야 하며 중이 돼지같이 살이 찌면 정신적으로 공허해질 수밖에 없고 정신적으로 살아가는 선승(禪僧)은 안광이 빛나고 메마른 법이라고 말씀하였으나, 배고픔을 참지 못하고 부처님에게 제 지낼 음식을 모조리 훔쳐먹다 꾸지람을 듣던 개구쟁이 스님 생활이 어제 일같이 느껴지기만 합니다.

그래도 속세로 나온 망나니 제자가 어떻게 사람답게 살아가나 궁금하여 방문하시던 날 스님의 그 때 그 모습이 너무나 쓸쓸해 보였는데 그 상면이 마지막이 될 줄이야 정말 몰랐습니다.

못난 짓도 많이 한 망나니였기에 속세로 떠나는 날 그만큼 많이 울었습니다. 그 슬픔을 이기지 못해 스님께 올려 드리는 조가의 작사 작곡은 이 멍청이가 하였습니다. 마지막 정성을 나무라지는 않을 것입니다.(지금도 '이 멍청아~' 하고 꾸짖던 말씀이 귀에 생생합니다.)

스님과의 불연(佛緣)으로 이제 겨우 나를 알게 되고 스스로의 위치를 지탱하고 있음도 모두가 가르침의 은덕으로 알고 있습니다.

한평생 고요를 다스리며 정진하신 스님의 학문은 동양사상 정통의 본맥이었고 종지(宗旨)이기도 하였습니다.

근원적인 종지가 없는 학문사회는 모든 학문이 모래 위에 성을 쌓은 것이나 다름없기 때문입니다.

항상 당신 곁에 있었으면서 열심히 배우지 않았던 것을 후회하며 지난날을 회상해 가며 여기 시집으로 엮어 스님 영전에 바치옵니다.

박용열 합장

차례

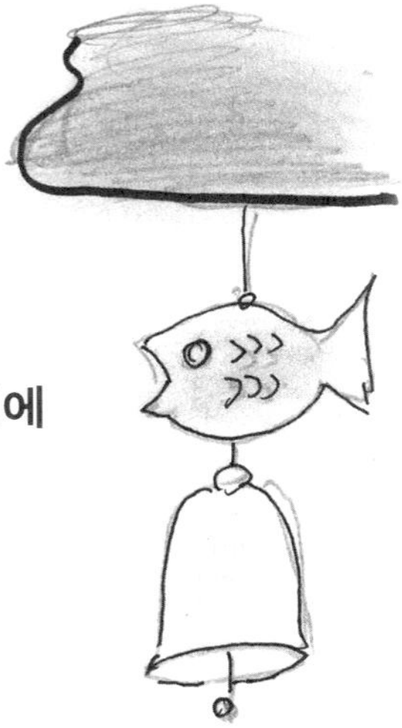

오대산 가는 길

구름처럼 떠돌아다녀도
얻은 것이란
하나도 없었다네.

오대산 가는 길 옆에
5백년 묵은 전나무들이 빽빽하여
대낮에도
어두움 침침
캄캄하구나.

찬바람 불고 서리 오기 전에
어디로 갈까
걸망 메고 망설이다가

가부좌 틀어 눈 감으니
바로
이 자리가 그 자리인 것을
내 어찌하여 그렇게도 몰랐을까.

달밤

달밤
달이 밝아서
연잎 위에
청개구리

“퐁당.”

달 따러 가네.

고요·7

달밤에 길을 가다
달이 밝아서

냇가로 찾아든
물이 마신
저 달을.

하늘을 등에
지고

달을 마시는
마음이여~

고요 · 51

— 화두 2제

-가

철기둥 받침돌로
천년을
묵묵히
견딘
거북이

한순간도 영겁이요
영겁도 한순간인데

어찌
참지 못하리

돌부처님
웃을 때에
기어서 나오리라

-나

긴 세월
벽을 향해

눈이 멀고
귀가 먹었는가
말없는 스님.

돌 호랑이
아기 안고
낮잠을 즐기고

용 한 마리
여의주를 입에 물고
절 지붕 위로 날 때

비로소
돌부처와 마주하여
이야기를 나누리라.

※화두(話頭): 말의 머리.

고요 · 후기 1

—오대산을 다시 찾아와서

전쟁에서
한쪽 다리
한쪽 폐 잃어버린 채

갈 곳이 없어
괴로움과 슬픔
어깨에 메고
무작정 헤매이다가

문득
노을진 산속까지
와 있었구나.

영육의 아픔을 견디지 못하여
울음으로 깊은 밤을
지새우다가
어느덧
어머님 뵈옵는 꿈속에서
사랑하는 아들을 위한
안식이 있음을
느끼고 있었다네.

떠도는
흰구름같이
나그네길에서
첩첩산중의
적적함이 막막하여
두 눈을 감고
부처님에게
어디로 가야만 하는지 묻고만 싶었습니다.

아~
오늘을 있게 하여 주신
님의 자비
당신을 위하여
어떻게
살아가야만 하오리까.

고요 · 65

— 스님

까까머리 아이들이
골목
골목
몰려와서

“중중 까까중.”
“중중 까까중.”

소리
소리
놀려대도

사슴 같은 눈으로
빙그레
세상 보는
아기 같은
까까 스님

고요 · 102

하루 종일
졸고 있는 스님 닮아

긴 겨울
땅 속에서 잠을 잤을까

싹 트고
잎이 돋는
아지랑이 감도는
봄에

개굴
개굴
개구리들이

부처님 자비이신
도량 안
연못에서
경을 읽어요.

고요 · 37

간밤
그렇게도
처량하게
귀뚜라미가 울더니

어느 노스님이
열반에 드셨나.

향 연기 그윽한 뜨락에
가랑잎만
모였다 흩어져 가고

국화꽃
고이 피는
한나절에
노을빛으로 물든 가을산이여

※열반: 스님의 죽음을 말하는 것임.

고요·38

벽을 향해
앉은 스님
무엇을 하나.

두 눈을 감은 채로
염주만 세고.

열어제친 창으로
흰구름 흘러가는
심심한 한나절.

말 없는 부처님만
웃고 계시네.

고요 · 68

— 요석공주에게

기다리고 고대하던
님을 마주하니

타오던
불씨를
가슴에 묻어두고

자주고름 입에 물고
다소곳이 고개 숙여
매화꽃을
만지작
자태 고운 '아유다' 라.

요석궁의 인연도
잠깐이라
하였지만

한순간도
영겁이라
사랑은 영원한 것

만나면
떠나감이
자연의 이치옴에

원효가
가는 곳은

무한이요
무량이며

무상이요
자비이니라.

※요석공주: 신라 무열왕의 딸.
※아유다: 요석공주의 이름.

마음

독수리 높이 나는 저 높푸른 하늘같이
내 마음 허공같이 비울 수는 없을까?

돛단배 흘러가는 저 넓은 파란 바다처럼
내 마음 무한하게 무심할 수는 없을까?

이 생각 저 생각 하다가
산 넘어 구름 가듯이
내 마음 머물지 않고 한없이 흘러갈 수는 없을까?

아무도 찾아오지 않는
깊은 푸른 산 절 뜨락에
하얀빛 구름처럼 목련꽃이 피었습니다.

봄 오는 길

갈 가마귀 나는 첩첩산중에
날마다 계속하여 눈이 옵니다

풍경소리만 간간이
들려오는

눈 덮인 절 뜨락에
매화꽃이 활짝 피었습니다

시를 쓰는 마음
— 욕심을 줄이면 마음이 고요하고

말에 얽매이고 문장에 매달리고 있는 나는 과연 진실을 얼마단큼 전달할 수 있을까?

말과 문자의 벽을 뛰어넘어 체험과 사색에서 얻어지는 순수성을 위하여 정진하는 것이 시를 쓰는 자세이며 삶을 터득하는 지혜로운 태도가 아닐까.

기교로 세련된 문장이나 예의바른 말에서 우리가 희구하는 순수성은 과연 표현할 수 있을까.

욕심을 줄이면 마음이 고요하고, 마음이 고요하면 하는 일이 저절로 간소해집니다.

오대산 가는 길이

초겨울 노오랑 가랑잎
높푸른 하늘가에
절 처마가 높구나

담 옆에 미소 짓는 돌부처 말이 없고

높이 솟은 석탑도 멍하니
철새떼 날으는
저 하늘 흰 구름만 쳐다보고 있구나

오대산 가는 길 · 2

첫눈 나린 후

밝은 달 떠오르니
절 도량 하얀 뜰인가

찬이슬에 꽃들은 지고

흰 구름 흘러가는
저 높은 하늘에

고향 찾아
기러기떼 날아가고

바람도 쉬어가는
골 깊은 암자에서

스님은
아무도 벗하지 않고
산이 좋아
물도 좋아

말없이
혼자 살고 있다네

오대산 가는 길·3

아득히
눈이 옵니다

산과 산이 골이 깊어
찬바람 스쳐가는
산골짝에 목탁소리 울려오고

겨울 오는 절 뜨락에
소리 없이 눈 옵니다.

오대산 가는 길 · 4

바람은 조용하니
첩첩산 말이 없고

어디선가 독경소리 들려오는
눈이 오는 날
절간은 더욱 한산하고

절 어귀에 돌부처
혼자 합장하고 서 있구나

오대산 가는 길·5

눈 위에 발자국.

어느 누가 지나갔나.

이 추운 날
눈보라 치는 눈안개 속에

산속 암자 찾아온 외로운 길손에게
산 메아리 되어 돌아오는
저녁 종소리 들려오네

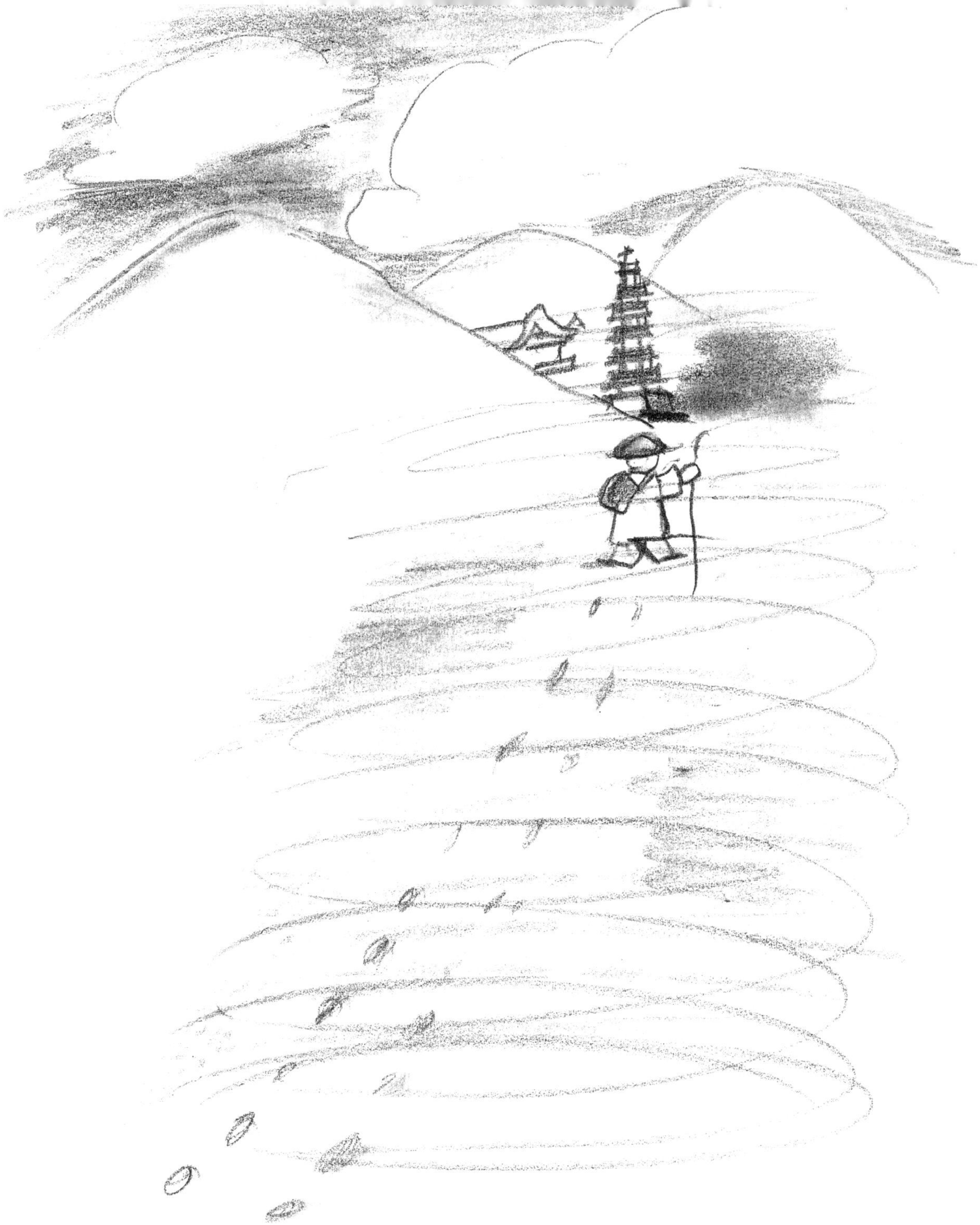

오대산 가는 길·6

산골은 골이 깊어
하루해는 노루꼬리만큼 짧아
해님도 잠깐 머물다 가는
절간에서

벽을 향해 돌아앉은 스님
세월 가는 줄 잊었는가

귀 멀고 눈 멀어
부처님 닮아 가는데…

겨울 산골이
어느덧
저물어져 가고 있네요.

오대산 가는 길·7

무릎까지 쌓이는
눈만 오는 암자에서

스님은 하루 종일
벽을 향해 돌아앉아
졸고만 있고

문밖은 조용한데…

소리 없이 눈이 오고

어디선가
들려오네

질화로의
물 끓는
주전자 소리

오대산 가는 길 · 8

지금
창밖은

한참 눈이 오고 있는데

봄은
어디쯤 오고 있는 것일까.

자꾸만 자꾸만
눈만 쌓이고

눈이 오는 날이
하도 지루하고 심심하여

혼자
마셔 보는
한잔의 차맛은

텅 빈
가슴속

하얀 눈 같은
무심한 마음인가.

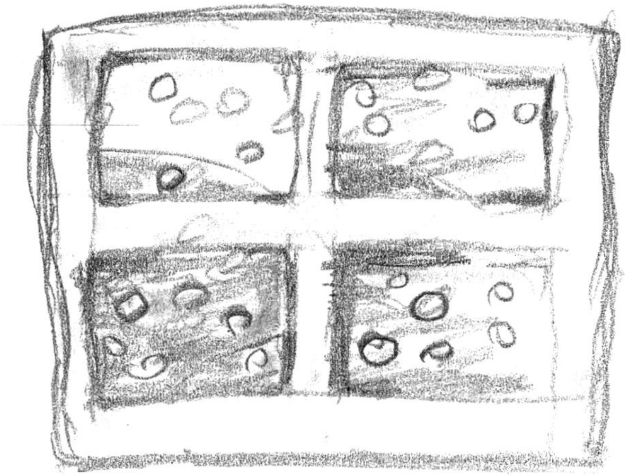

오대산 가는 길·9

앙상한 나뭇가지마다
푸른 새싹 돋아나니
봄이 오려는가

절간의 아이는 엄마 그리워
목탁을 치다가 잠이 들었다

개나리꽃 만발하게 핀 골목길 돌아가면
그립던 내동생 따라 바둑이도
성황당 언덕에 마중 나와 있겠지.

아!
싸늘한 바람에 잠 깨어보니

구만리
저 하늘에 흘러가는
조각배 구름.

오대산 가는 길·10

눈 속에
매화꽃 필 무렵이면

산 샘물 길어
향기로운 다심에 젖어
맑은 벗
기다리시는 초의스님(草衣禪師)인가

스님과 마주 앉아
찻물위에 꽃잎파리 띄우고
시와 차를 음미하는
다산 정약용거사님(茶山 丁若鏞 居士)이시여

서로 말하지 않아도
그 마음의 뜻을 알고 있어라

매화꽃 피는
암자의 차 향기로
오늘날까지 그 마음 전하고 있음인가.

오대산 가는 길 · 11

— 화분에서 난꽃은 피어나고 있었다

낙숫물 소리에
조울다 깨어보니

어느새
화분에서 난꽃은 피어나고 있었다.

동짓날
기나긴 그믐밤에
이 빈방을 홀로 지키더니
창밖을 바라보는
그리움으로
푸르게 자라

단아하고
은은한 향기 같은 꽃을 피웠는가

그윽한 매력에
눈길 주고 받으며
가슴 설레이는

싱그러운 꽃이여-

오대산 가는 길·12

우수도 지나고
경칩이 다가오고 있는데

아직 추위는 풀리지 않아
강물은 얼었나 보다

개나리도 피지 않았는데
멧새 한 마리
앙상한 나뭇가지 위에
오소소 앉아만 있다

봄은 오다 말고
저 먼 산 흰 눈 때문에
그 곳에서 쉬었다 오나 보다.

오대산 가는 길·13

아지랑이 안개로
높고 낮은 산들은
숨바꼭질 하듯이
뭉게뭉게 피어나는
하얀 연기 속에 숨어 버렸다

어젯밤 내린 비로
말끔히 단정한 절간
반짝반짝 빛나는 풀잎의 이슬로
아침 햇살 속에 아름답다

어디서
기어 나왔을까
바위틈에 걸터앉은
두꺼비도
돌부처 닮았나
통 말이 없구나

오대산 가는 길·14

빼꼼히
개나리도 눈을 트고
꽃을 피우고 싶은데…

웬일일까

궂은 날 꽃샘추위에

산 너머 산 너머
눈비만 오니

봄은 아장아장
아가 걸음마처럼 머뭇거리다
늦게 오시려는가

앙상한 나뭇가지 위에
오소소
산까치 한 마리가
추워서 외롭게 앉아만 있구나

오대산 가는 길·15

절 뜨락에
목련꽃이 참 예쁘구나

아름다운 꽃을 보며
돌부처 말이 없고

이제 사월 초파일도 멀지 않았는데
곳곳마다
오색등 달고 마음꽃을 피우자

구름 가는 먼 산에 낮달만 떠가고…

스님 혼자
이 바쁜 날
벽을 향해 무엇을 하며 졸고만 있을까

오대산 가는 길・16

— 고향

내 고향은
북쪽의 부령 청진
3・4월에도 눈이 많이 오는 추운 지역
바람 많이 불어 바람으로 소문난 고장
산골짝마다 눈으로 파묻혀 온천지가 조용하겠지
눈보라 속의 바람소리처럼
어디선가 들려오네
어머니가 나를 부르는 소리

그곳에도 어김없이
봄날은 오고 있겠지
앙상한 나뭇가지마다
푸른 잎새 눈트고
파아란 싹 돋아나니
엄마 그리운 꿈속의 고향인가

개나리꽃 만발하게 핀
오솔길 돌아가면
성황당 언덕에 서서 나를 반기던 어머님
마중 나와 있을 거야

이제는 많은 세월만 흘러서
꿈결 같은 아쉬움만 남아 있구나

오대산 가는 길·17

안개 자욱한 산 숲에
하루 종일 비 옵니다

목이 긴 나무숲에
서늘한 솔향기 풍기고

아지랑이
아물 아물
가물거리는
외로운 석등에

불빛 조우는 듯
소리 없이 비 옵니다.

오대산 가는 길·18

바위틈 흐르는 물이 맑아
둥근달 잠기고

종소리 산 넘어가는 밤하늘에
철새떼 날으고

달이 밝아

석탑 그림자
돌부처 그림자

5월 절뜨락에.

벌써
매화꽃 지고 있네.

오대산 가는 길·19

— 청연암 가는 길

청연암 가는 길은
푸른 소나무들의 숲
흐르는 시내물이 맑아
낮달이 잠기고

계곡들이 높고 낮아
쉬었다 올라가면
바위틈에 솟아나오는
샘물이 차서
마음까지 시원하다

그 전날 고소 무침에 국수를 좋아하던
노스님은 어디가고
부처님 혼자 나를 반겨주네

옛적 바로 이곳에서
학들이 신선과 어울려 춤을 추고
놀다 날아간 곳이라
학림원(鶴林院)이라
이름 하였던가

오대산 가는 길·20

오대산
월정사에서 하룻밤을 지내보니

풍경소리
팔각구층석탑에서 들려오고

여름날 삼복인데
창문을 열어보니
서늘한 바람으로 차다

무더운 여름철에도
모기 한 마리 없이 지낼 수 있는
이곳은
청량산이라 이름 하였던가

이 산중에서 나를 보고
"이 멍청아–"
호통 치며 가르치던 스님은 자취도 없네.

왜 오늘 밤은 잠도 오지 않고
내 마음 이다지도 허전해 으는 것일까.

※오대산은 삼복 여름철에도 모기 한 마리 없이 선선하게 지낼 수 있는 곳이라 하여 일명 청량산(淸凉山)이라고도 함.

오대산 가는 길·21

구불구불 제멋대로 자란
꼬부랑 소나무들이 빼곡히 서 있는
산 계곡 산기슭 돌아서

구름도 곤한 김에 머물고 있는
7월의 볕 맑은
한나절이 하도 무더워
지나치던 제비도 꼬리 축일 때

헤엄치던 청개구리 그늘에 앉아
뽈록 뽈록 하품만 하고 있는
송사리떼 나즉이 뛰노는 연못 위로

여기저기
몰래 피었구나
하얀 예쁜 연꽃이.

시를 쓰는 마음

— 오징어잡이를 다니면서도 라면만 먹었다던 청년이

수만 리 북사하린 공해상까지 오징어잡이를 다니면서도 라면만 먹었다던 청년이 간암이라는 병으로 누워 있으면서 하는 말이 "선생님 이 병이 나으면 빚을 지드라도 음식만은 꼭 영양 있는 것을 먹겠다."던 이 순진한 젊은이도 이 시가 지상에 발표될 때에는 이미 저승에 가 있을 것입니다.

가난한 이들에게 부처님의 가호가 있으시기를…….

봄이 오면 싹이 트고 긴 장마철과 삼복 무더위를 거쳐 가을이 오면 잎이 지듯이 우리의 죽음도 그렇게 받아들일 수는 없을까.

오대산 가는 길·22

— 나의 은사 김탄허 스님에게

왜 내가 여기 왔을까
단풍이 물든 오대산으로

스님은 가고 없어도
월정사 방산굴에 주석해 계신다 하였네

"이 멍청아 --"
호통소리 들려오는 가을의 소리 가랑잎 지는 소리

생각하면 꿈만 같아서
저 하늘 흘러가는 구름 따라
스님 그리는 정 부쳐본다네

오대산 가는 길·23

가을날
절 도량

석탑도 멍하니
높다란 하늘가
흰 구름만 쳐다보고

초승달은
벌써 산 넘어 가는데…

바람 따라
종소리 따라
절 뜨락에
나플 나플 내려앉은

몇 포기의
가랑잎이
뒹굴고 있다.

오대산 가는 길·24

오대산 높은 봉우리에
둥근 달 떠오르니
망월산이라 하였던가

가을이 깊어가니
가랑잎만 수북이 쌓여 가고

기러기 날아가는
저 밝은 하늘에
흘러가는
조각배 구름

※月精寺는 五臺山 望月山 아래에 위치하고 있음.

오대산 가는 길·25

산과 산이 골이 깊어
햇님도
잠깐 머물다 가는 산속

빨간 고추처럼 가을은 익어가고
뒤뜰에 열린 감이 노을빛으로 물들었다

머루 다래 따러 갔을까?
애기스님
하루 종일 보이지 않고

이따금
산 꿩이 울다가는
아무도 찾아오지 않는
조용한 한나절이 하도 심심해

부처님
혼자서 졸고 있네요

오대산 가는 길·26

연못 속은
하늘 잠겨
더욱 높푸르다

흰 구름사이로
흘러가는
초승달 밝아라.

석탑에서 들려오는
풍경소리
고요한 밤에

기러기떼
고향 찾아
저 산 너머
날아가고 있구나.

오대산 가는 길 · 27

어제 밤 그렇게도
서글프게 귀뚜라미 울어대더니

산속의 가을은 깊어만 가고

깨끗이 쓸어 놓은
절 뜨락에

노을빛같이
단풍으로 물든
가랑잎만 한잎 두잎
바람에 나부끼며

한가로이
뒹굴고 있다.

오대산 가는 길·28

세월이 흘러
절간은 간곳 없고
절터만 남았네

이끼 낀
석탑만 우두커니 솟아 천년인데…

서라벌 언덕에서
들려오는

저녁 종소리

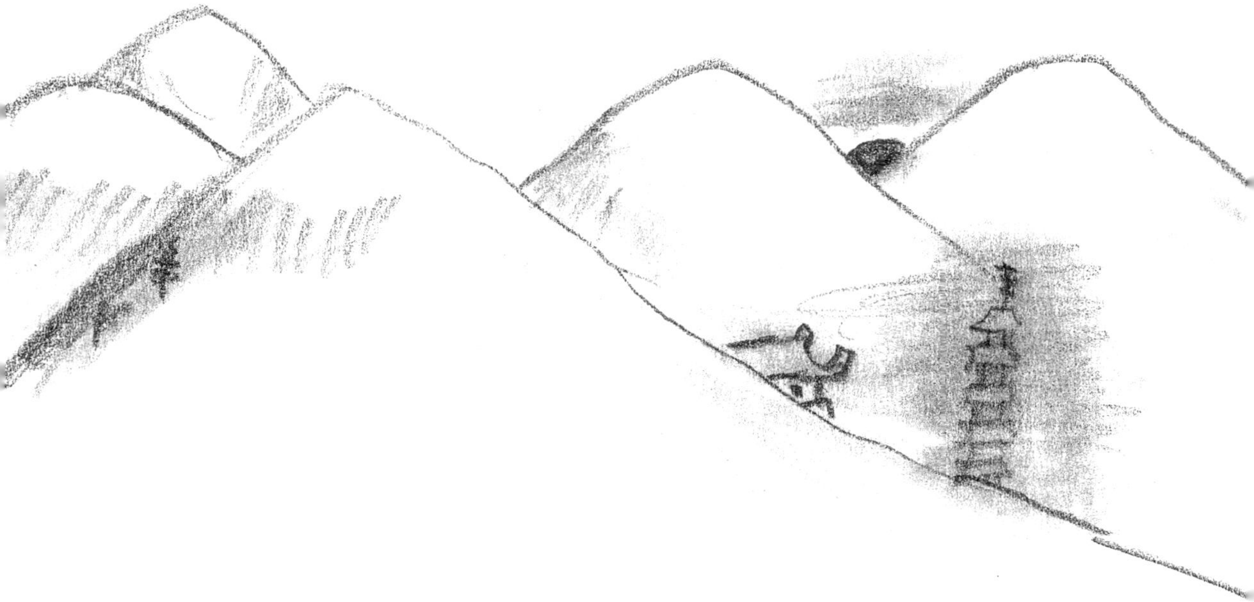

오대산 가는 길 · 29

앙상한 숲사이로
가을바람 우수수
나뭇잎 지는
두메 너머 절에서
들려오는 저녁 종소리
구름이 흘러가는
산 너머 저쪽 하늘가에
빠알간 노을이 져 가고 있다

오대산 가는 길・30

산 높은
비로봉에 올라보니
구름위로 솟은 산들
아무리 보아도 끝간데가 없고나.

비로봉 적멸보궁을 중심으로.
동. 서. 중. 남. 북 절이 있어
오대산이라 하였던가

천오백년 전 신라시대
자장스님이 세운 절터에서
깨우침 얻어 수많은 사람 참사람 되었다네.
이곳 성스러운 터전
나의 본사 월정사에서
스승 김탄허 스님 밑에서 가르침 받을 때
내 어찌 그렇게도 바보천지 어리석었던가

지금 와 생각해 보면 후회스럽고
다시 오지 않는 지난날이 그립구나.

오대산 가는 길·31

달이 밝아
구름 잠겼나

산속은 고요한데
어디선가
독경소리 들려오고

촛불 켜진 하얀 창에
고이 고이
접어 온 시름인가

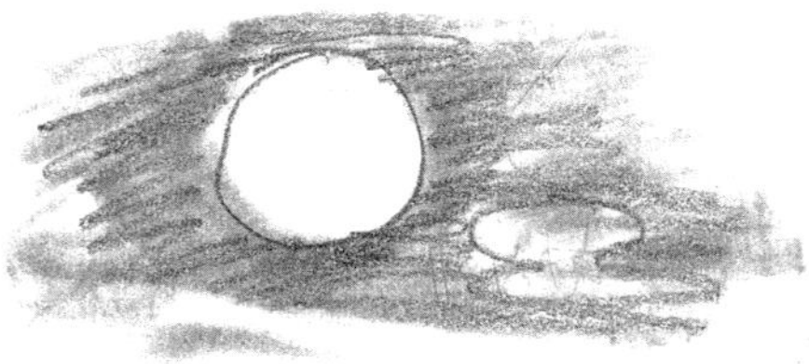

홀로 우는 풍경소리

잔잔히 물결 저어 오는
호수 같은 마음이여---

시를 쓰는 마음
— 천년 고찰 신흥사 숲속 길을 걸으며

내가 거처하고 살았던 삼척 근덕 동막리에 있는 천년 고찰 신흥사 숲속 길을 걸으면서, 지난날을 돌이켜 보며 많은 생각에 잠겼다네

누구를 원망하여, 원망스러웠던 마음도
애타게 그리워, 그리웠던 마음도
남을 저주하고 미워했던 마음도

저 텅 빈 푸른 하늘같이
내 마음도 맑은 가을 하늘처럼
텅 비울 수는 없을까

오대산 가는 길 · 32

찬바람만 불어오는
절뜨락에서

눈 덮인
먼 산을 바라보면

고되고 아픈 세월
기쁘고 즐거웠던 지난날은
스쳐가는 한 찰나의
서운한 바람결 같은 것

흘러가는 강물처럼 떠돌다
여기 허물어진
절터에 와 보니

세월은 무심하여

돌부처만
혼자 미소 짓고
합장하고 서 있다.

오대산 가는 길·33

여러 날
함박눈 나린 후
햇볕으로
산은 눈부시도록
빛나고 있다

새소리 바람소리 어울려
시냇물 소리
산속에서 들려오니
봄 오는 소리일까

고향 찾아가는
기러기떼
산 너머 날아가고

끝없이
맑은 하늘 아래
산이 밝아
산이 좋아
홀로
산에서만 사는 스님

오대산 가는 길·34

눈보라 휘몰아치는 눈안개 속에
휘파람 불며

머리카락 휘날리는
산등성이 소나무들

쓸쓸하고 외롭게 보이지만

눈 속에 파묻혀
길 잃은 손에게

간신히 들려오네
바람 따라

산 너머
절에서 울려오는
저녁 종소리

오대산 가는 길·35

이렇게 쉬지 않고
계속하여
눈이 오는 날

온통 하얀빛
사막 같은 눈벌판에
까마귀만 날아오르고

읍내장 가시려는가

스님 혼자
어쩐지
쓸쓸하고 외로워 보이네.

오대산 가는 길·36

바위 틈 흐르는 물이 맑아
하늘과 흰 구름 잠기고

늦겨울
눈 오는
고요한 산골에
목탁소리 어울려
스님의 독경소리 들려오고

천년을 흘러도
세월은 무심하여
눈 덮인 석탑은 외롭구나.

앙상한 나뭇가지위에 앉아있는
산 까치 울음소리로
온 산골이 고요하다.

오대산 가는 길·37

오대산 월정사에 와서
하룻밤을 묵어보니.

고요속의 바람으로
풍경소리 들려오고.

산위에 둥근 달
황금빛으로
돌부처 비쳐준다.

팔각 구층 석탑이
외로워

높푸른 하늘
흰 구름만
쳐다보네.

오대산 가는 길 · 38

여러 날
함박눈 나린 후
햇볕으로
산은 눈부시도록
빛나고 있다

새소리 바람소리 어울려
시냇물 소리
산속에서 들려오니
봄 오는 소리일까

고향 찾아가는
기러기떼
산 너머 날아가고

끝없이
맑은 하늘 아래
산이 밝아
산이 좋아
홀로
산에서만 사는 스님

오대산 가는 길·39

간 밤부터 나린 눈에 발이 시리니
앙상한 나뭇가지위에
멍하니 우두커니 앉아 있는 까마귀 까치들

햇병아리 솜털같은
봄날 봄볕이 그리워
조울다 깨고 조울다 깨니

하얗게만 쌓여가는
아득한 천지속으로
소리 없이 눈이 오는
고요하고 조용한 산골 마을

오대산 가는 길·40

꽃잎파리 휘날리듯
조용한 산속에
하루 종일
소리 없이 눈 옵니다.

아프고 고된 세월
하얀 눈 덮이고

산 적적하여

첩첩산 가로 막혀
돌아 갈 길
잃었습니다.

시를 쓰는 마음

— 깨끗이 쓸어놓은 도량에 가랑잎이 나풀나풀

달밤이란 제목으로 덩그랗게 달 하나만 그려놓을 수도 있지만 그 옆에 조각 구름과 먼 산을 그려놓는다면 또 어떻게 달라져 있을까요.

신라시대 얘기입니다. 원효 스님과 그의 아들 설총이 처음으로 만나 분황사에서 한철을 보냈습니다. 낙엽이 쌓인 어느날 스님께서 총에게 도량 청소를 하라 명하였습니다. 어쩐지 스님의 마음에 들지 않아 거듭 다시 하라 하였습니다. 소년인 총은 있는 정성을 다하여 도량 청소를 깨끗이 하였습니다. 원효스님께서 웬일인지 도량에 나와 주장자로 오동나무 가지를 탁 후려치니 깨끗이 쓸어놓은 도량에 가랑잎이 나풀나풀 내려앉았습니다.

화폭 없는 참 멋스런 아름다운 가을날 절 풍경 그림이 아니겠습니까?

오대산 가는 길 · 41

눈이 오고 난 후
황금 같은 둥근 달 떠올라
절 도량을 비추니
대낮같이 맑고 밝구나.

절 뜨락에 철쭉꽃 꽃봉오리
눈 속에 묻힌 채
수줍은 듯 아직 피지 않았는데

어디선가 들려오네
낙숫물 떨어지는 소리.

오대산 가는 길 · 42

가만히 귀 기울이면
버들강아지 피어 있는,
눈 속에서도
개울물 흐르는 소리 들리고

눈 쌓인 골짝
앙상한 나뭇가지에서
새싹 움트는 소리 들려온다

하늘 높이 떠 있는
둥근달 아래
석탑 풍경 울리는
서늘한 바람에
마음까지 맑아 오네

오대산 가는 길 · 43

궂은 눈비 여러날 나린 후
자욱한 눈안개에 싸여
산골의 절간은 더욱 조용하다.

시냇물 흐르는 소리
어디선가 들려오고

앙상한 나뭇가지마다
푸른 새싹 움트니

절 뜰에
매화나무가지마다
꽃피네.

봄날
아늑하게 숨어든 졸음속으로

"댕구렁"
붕어가 울고 있다.

오대산 가는 길·44

내일 모레면
얼었던 대동강 물도 풀린다는
경칩인데

온산과 들에
펑 펑 함박눈이 쏟아지네

눈으로 뒤덮인
산속의 절간은 더욱 조용하고

시냇물 흐르는 소리
어디선가 들려오고

절 뜨락에 철쭉이
눈 속에 파묻혔지만

철따라 어김없이
빠알간 꽃을 피우고 있구나

오대산 가는 길·45

새싹 움트게 하고 꽃피게 하는
봄날의 아지랑이.

아지랑이 피어오르는
입김 앞에
서 있는 수많은 나뭇가지들.

물어보아라
시냇물에게
어디서 왔다가 어디로 가는지를.

저 머얼리
구름 흘러가는
산 너머 절에서
종소리 들려오네.

오대산 가는 길·46

하루 종일 스님도 말이 없는 절간에
탁자위 미소 짓는 부처님도 말이 없구나

멧새만 지저귀다 날아간
한적한 절뜨락에

몰래 피었구나
매화꽃 꽃송이

오대산 가는 길·47

눈 녹는
햇볕 포근한 봄날
호랑나비 노랑나비 꿀벌들이
춤추는 숲속에
하얀 빨간 꽃들이 다투어 피네

낮달도
흐르는 구름 따라 가는
저 맑은 하늘에
고향 찾아 가는가
철새떼 높이 날아가고

아–
들녘에서 들려오는
봄 오는 소리

오대산 가는 길 · 48

— 내 고향 가는 길 어귀

해금강 보이는 아득한 기슭은
내 고향 가는 길 어귀
흰 구름 흘러가는 저 산 넘어가면
어머님 반기던 낯익은 오솔길 나오겠지

뻐꾹새 울고 가던
아카시아 숲속은
꽃향기로 가득찬
낯익은 오솔길

성황당 언덕에서 송아지 어미 찾고
햇볕이 따사로와 살구꽃 피는 내 고향

아--
저 산 너머
북쪽에 노을이 지네

오대산 가는 길 · 49

높은 산봉우리에
하얀 눈 남아 있고

입춘이 지나니
절 뜨락에 철쭉꽃 피네

이른 봄날 바람으로
석탑의 풍경소리 들려오고

개나리도
서로 어울려 피고 있는
돌각담 아래
돌부처만
혼자서 빙그레 웃고 있어요

시를 쓰는 마음

— 마음을 고요하게 해 주는 것은

기교보다 더 중요한 것은 마음이다
순수의 극치는 무기교가 아닐까
마음이 삼라만상을 만들고 마음이 곧 부처님이시다.
상대방의 마음을 고요롭게 하여 주는 것은
보시 중에서 가장 큰 보시이다.

한 나그네 길손이 산속에서 길을 잃고 아무리 길을 찾아도 찾을 수가 없어 길을 찾아 헤매이는 중 뜻밖에 스님을 만났습니다. 스님에게 길을 물으니 손가락으로 달을 가리켰습니다. 손가락 끌을 아두리 보아도 길을 찾을 수가 없어 다시 물으니, 손가락 끝을 보지 말고 달을 보아라 하였습니다. 느끼는 바 있어 길손은 깨달음과 깨우침의 길을 찾아 다시 떠났습니다.

오대산 가는 길·50

달을 가리키는 손가락만을
보지 말고

밝은 달 하나만을
똑바로 보아라

하나가 곧 모두요
모두가 곧 하나이니

한번 바라보아도
또 다시 두 번 보아도

산위
하늘에는
맑은 달뿐이네.

오대산 가는 길·51

있음이 곧 없음이요
없음이 곧 있음이요
“이 멍청아--”
호통치고 가르쳤던
스님은 어디가고 자취도 없네

돌부처
웃는 뜻을 그 누가 알까

왜!
이렇게도 내 마음 캄캄해지는 것일까

스님-
한 말씀 하여 주십시오

오대산 가는 길 · 52

오대산,
깊고 높은 북녘 상왕봉
이곳에서

누추하고 거지같은
나옹스님 거처하고 살았다네.

끝없이 바라보아도
한없이 아득하게 보아도
뜬 구름만
먼 만리길 흘러가고

산위에 떠오르는 둥근달
한가롭게 밝아오네.

깊은 산 어디선가
그윽한 종소리 들려오는데
그 마음 알 길 없어라.

※나옹(懶翁)스님: 고려 말 공민왕 때 명승(名僧).

오대산 가는 길·53

이 무엇고
스님의 머리말(話頭)은
삼이 서근 마삼근(麻三斤)

이 무엇고
이 무엇고
문무관을 뚫고 불입문자 언어도단 경지에서
아무생각 없이 아무생각 없다는 그 생각까지 버리고
깨우침 깨달음 온다는 그 마음 끊고 있으면
부처 될 날 오겠지
부처에게 집착하면 부처의 코끝도 보지 못한다고 하였으니
참말
어렵고도
쉽고나

오대산 가는 길·54

홀로 앉아서
한 생각만 하다가

문득
부처님을 마주하니

웃음 띤
아가 같은
천진한 얼굴

사제(師弟) 되는 스님에게

'부처에 집착하면 부처님의 코 끝도 보지 못한다.' 고 하였습니다. 지식(알음알이)은 느끼고 깨우치는데 오히려 방해가 될 수도 있다고 하였습니다.

격이 높은 경지의 그림이나 붓글씨는 모든 만물이 되돌아가려고 하는 근원적인 것에 귀착되어 보여지는 것에서 완숙(단순성) 작품이 이루어지는 것이 아닐까?

안 주고도 미운 사람, 주고도 더 주고 싶어지는 우리들의 마음 작용은 왜 그렇습니까? 바다의 고기들은 물의 은혜로움을 알지 못하고 사람들은 배부른 것은(善) 알면서도 공기의 혜택 (德)을 모르듯이 수행하는 스님께선 꾸준히 수행만 한다면 그 덕화(德化)로 세상 사는 것이 깨끗해지고 밝아질 것이 아니겠습니까?

자선사업은 자선사업가에게 교육은 교육자에게 맡기고 스님은 어느 국한된 영역이 아니라 오직 수행에만 정진하므로써 중생에게 줄 수 있는 것이며 주고 있는 것이 아니겠습니까?

절간이 세속과 멀리 떨어져 한적한 깊은 산중에 있어 왔다는 것은 바로 그런 뜻이 내포되어 있는 것이 아니겠습니까?

소생보다 먼저 불교아동문학회 회장을 역임하신 소설가 김동리 선생님이 소생의 『고요』 시집을 읽고 나서 노자 장자의 사상이 깃들어 있다고 말씀하셨습니다.

노자 장자 사상에 정통한 은사 탄허스님 슬하에서 수학한 영향이리라 생각됩니다. 나의 은사 김탄허스님 탄생 100주년을 기념하기 위하여 이 시집을 출간하여 스님 영전에 올립니다.

박용열 올림

시인 박용열

함경북도 청진에서 남

함경북도 성진 의학전문 학교 졸업

6 · 25 전쟁 시, 국군 수도사단 18연대 3대대(백골부대) 수색대 입대. 국군 3사단 23연대 수색대 복무 중 강원도 고성군 남강 전투에서 직사포를 맞아 눈속에 파묻혀 있다 발견. 부상으로 인하여 우측 폐 절제, 동상으로 양쪽 발가락 절단

육군병원 전전

1952년 화랑은성무공훈장 받음

1953년 4월 대구 제27육군병원에서 명예제대

오대산 월정사(오대산 수도원 입교) 대교과 이수, ~1967년까지 강원도 오대산 월정사에서 김탄허스님을 은사로 승려생활(승명: 超然)

1967년 이후 30여년간 강원도 산간벽지 농어촌에서 의원개업

1959년 승려생활 중에 경향신문 신춘문예 「노을」 동시 당선. 동아일보 신춘문예 「푸른감」 동시 입선

1973년 동시집 『엄마』 발간

1984년 동시집 『고요』 발간

1989년 동시집 『고요 속에』 발간

1997년 첫 손자 돌 기념으로 동시집 『아가에게 엄마에게』 발간

2008년 차남의 첫 아들 돌 기념으로 동시집 『할아버지와 손자』 발간

1979년 한국동시문학상 받음

1984년 한국 불교아동문학상 받음

1988년 대한의학협회 의협신보 논설위원 위촉받음

1996년 소설가 김동리 선생 서거 이후 제2대 한국 불교아동문학회장 역임

현재 한국 불교청소년문화진흥회 이사장 이후 명예고문. 아동문학세상 고문 재임

시문학
오대산 가는 길

발행일 · 2013년 5월 31일

지은이 · 박 용 열
그린이 · 박 용 열
펴낸이 · 박 종 현
펴낸곳 · 아동문예

편집장 · 박 옥 주
편집팀 · 김 윤 정
영업팀 · 조 종 원

등록일 · 1987년 12월 26일 (제1-609호)
창립일 · 1977년 6월 27일 (마-36호)

대 표 · 995-0071 편집부 · 995-1177
영업부 · 995-0072 팩 스 · 904-0071
주간실 · 995-0073

E-mail · adongmun@naver.com
· adongmun@hanmail.net
Homepage · www.adongmun.co.kr

(132-033) 서울시 도봉구 도봉로 109길 78

ISBN 978-89-7798-578-0 73810